Geleitwort

Kirche ist die Gemeinschaft derjenigen Menschen, die zum Glauben berufen sind. Für sie ist Glaube nicht Pflicht, sondern Befreiung zum Leben. Sie bezeugen ihren Glauben da, wo sie im Leben stehen. Sie machen nicht Kirche, sie sind Kirche: im Beruf, in Beziehungen, Familie, Politik und Gesellschaft. Doch die Mitte eines christlichen Lebens ist nicht etwa das spirituelle Ich, es ist der Gottesdienst. Dieser ist für Christinnen und Christen Ort der persönlichen Orientierung und der Kraft, ein Ort von Heimat. Zur Beheimatung im Gottesdienst gehört nicht nur das Hören auf Gottes Wort, sondern auch, dass die Feiernden die wiederkehrenden Formen wiedererkennen können: die Liturgie.

Die Aargauer Jubiläumsliturgie orientiert sich deshalb an bewährten Formen des reformierten Gottesdienstes und verbindet sie mit Elementen der Ökumene. Sie bietet sowohl denjenigen Menschen eine gottesdienstliche Heimat, die mit diesen Formen vertraut sind, als auch denjenigen, die sich über unterschiedliche Musikstile (klassisch, volkstümlich und Pop) neu auf liturgisches Feiern einlassen möchten. Der Autorin und dem Autor, Sabine Brändlin und Gottfried Locher, ging es nicht darum, das Rad der reformierten Liturgie neu zu erfinden. Liturgische Zukunft braucht ein Bewusstsein für die Herkunft. Mit Sorgfalt und Ausdauer haben die beiden traditionelle Vorlagen studiert und um Formulierungen gerungen, die den Menschen von heute einen Zugang zu den Schätzen unserer reichen liturgischen Tradition eröffnen können.

Das Ergebnis ihrer Arbeit ist eine Abendmahlsliturgie, die – je nach Vorliebe – in drei verschiedenen Musikstilen in jeder Kirchgemeinde gefeiert werden kann. Dieser Anspruch gilt nicht nur für die Musik, die gleichzeitig von hoher Qualität und leichter Spiel- und Singbarkeit geprägt ist. Er gilt insbesondere auch für den Text der Liturgie. Vom Aufbau her orientiert er sich an klassischen Messformularen. Inhaltlich macht er ein Angebot, an das man sich jederzeit und mit grossem Gewinn halten kann, das aber durchaus auch an die gängige liturgische Praxis einer Gemeinde angepasst werden kann.

In diesem Sinne freut es mich ausserordentlich, dass ich im Namen des Kirchenrats der Reformierten Landeskirche Aargau den Evangelisch-reformierten Schwesterkirchen der Schweiz diese Liturgie als Aargauer Jubiläumsliturgie zum Jahr 2017 zur Verfügung stellen darf. Der Autorin und dem Autor, Sabine Brändlin und Gottfried Locher, und dem musikalischen Projektleiter, Dieter Wagner, möchte ich ganz herzlich für die wertvolle Arbeit im Rahmen unseres Legislaturschwerpunktes «Lebendige Gottesdienste durch vielfältige Musik» danken. Thomas Leininger, Andreas Hausammann, Stephan Haldemann und Peter Künzi sei für ihre Kompositions- und Textarbeit gedankt und Andrew Bond für die Musik und den Text zum Weihnachtsspiel «De Himmel chunnt uf d Erde», das die Aargauer Jubiläumsliturgie als Angebot für Kinder ergänzt.

Die Aargauer Jubiläumsliturgie ist kein kirchenamtlicher Text. Sie ist eine Einladung, die eigene Lust und Freude an der liturgischen Form und Gestaltung (wieder) neu zu entdecken. Sie ist damit ein wertvoller Beitrag zur anlässlich des Reformationsjubiläums angesagten Reformulierung des Glaubens.

Christoph Weber-Berg,
Kirchenratspräsident
der Reformierten Landeskirche Aargau

Vorwort zur Liturgie

Liebe Leserin, lieber Leser

1532 schrieb der Zürcher Reformator Heinrich Bullinger über das Abendmahl: «Das Brot ist nicht ein Brot vom Bäcker […] oder sonst ein gewöhnliches Brot, sondern ein sakramentales, heiliges, würdiges Brot, das nicht ohne Geheimnis ist, das der Leib Christi heisst und in dem Christus gegenwärtig ist, aber in sakramentaler Weise, geistig oder in der Betrachtung im Glauben, da Christus ja leiblich zur Rechten Gottes, des Vaters, sitzt.»[1] Das sind sperrige, nicht ganz widerspruchsfreie Worte. Kein Brot vom Bäcker? Leib Christi …, aber doch nicht leiblich? Wer über ein solches «Geheimnis» spricht, stösst an die Grenzen dessen, was sich mit Worten sagen lässt. Bullinger gelingt es dennoch, in einem einzigen Satz Wesentliches über das Abendmahl, das richtige Verständnis des Brotes und die Präsenz Christi zu sagen.

Der vorliegende Neuentwurf des Abendmahlsgottesdienstes gibt diesem «Geheimnis des Glaubens» Raum. Zwar ist und bleibt eine packende Predigt unverzichtbar. Auch unsere Liturgie legt viel Gewicht auf die Verkündigung des Alten und Neuen Testamentes. Doch Gottes Wort ist nicht nur über die Ohren und nicht nur für den Intellekt erfahrbar. Nicht nur von der Kanzel gepredigt, auch am Abendmahlstisch gefeiert, wird Gottes Wort wirksam unter uns. Einheit von Sprache und Handlung, von Wort und Tat, sorgfältig abgewogen und ausgewogen – das ist, wonach der vorliegende Gottesdienstablauf strebt.

So freuen wir uns, anlässlich des Jubiläums «500 Jahre Reformation» eine reformierte Abendmahlsliturgie mit Neukompositionen in drei verschiedenen Musikstilen vorzulegen. Unser Dank

gilt insbesondere Thomas Leininger (Chor-Gottesdienst), Andreas Hausammann (Pop-Gottesdienst), Stephan Haldemann und Peter Künzi (Jodel-Gottesdienst) sowie Andrew Bond (Weihnachtsspiel). Danken möchten wir auch Gunda Brüske für ihre kritische Lektüre der Erläuterungen zur Liturgie und allen, die sich die Mühe gemacht haben, uns ihre Meinung zu den liturgischen Vorentwürfen mitzuteilen – Brigitte Becker, Catherine Berger, Dagmar Bujack, Beat Hänggi, Daniel Hehl, Daniel Hess, Jürg Hochuli, Christina Huppenbauer, Beat Huwyler, Katrin Kusmierz, Christoph Monsch, Christine Nöthiger, David Plüss, Markus Sahli, Verena Salvisberg, Jutta Schenk, Esther Schläpfer, Heiner Schubert, Andreas Steingruber, Wolfgang von Ungern-Sternberg, Frank Worbs, Esther Zbinden, Susanne Ziegler und Matthijs van Zwieten de Blom. Wir danken den Mitarbeitenden des Theologischen Verlags Zürich, der Verlagsleiterin Lisa Briner sowie Christine Forster und Markus Zimmer, für ihre fachkompetente Begleitung und Jürg Hochuli für die Projektkoordination innerhalb der Aargauer Landeskirche.

Und schliesslich danken wir besonders Christoph Weber-Berg, dem Kirchenratspräsidenten der Reformierten Landeskirche Aargau. Ohne seine Unterstützung wäre diese Publikation nicht möglich geworden.

Eine kleine Gebrauchsanweisung

In den vergangenen Jahren haben sich in unserer Kirche vielfältige Formen gottesdienstlichen Feierns entwickelt. Diesen grossen Reichtum wollen wir mit einer Liturgie ergänzen, die festlich geprägt ist und in der die Kirchenmusik eine herausragende Stellung einnimmt. Wir wollen also einzig ergänzen, nicht ersetzen.

In dicscr Liturgie gibt es zwei Arten von Texten: solche, die unverändert wiedergegeben werden

---

1   Bullinger, Schriften, Bd. VI, 125

können und solche, die von der Liturgin bzw. dem Liturgen für die feiernde Gemeinde angepasst werden sollen. Wir empfehlen, die überlieferten Texte in ihrem Wortlaut nicht zu verändern, jedoch sind in der Liturgie Alternativtexte aufgeführt. Anders verhält es sich mit den «zeitgenössischen» Texten, die von uns verfasst wurden. Hier muss der Liturg bzw. die Liturgin entscheiden, ob unsere Texte überzeugen oder eigene Texte passender sind.

Wie oft kann man mit dieser Liturgie Gottesdienste feiern? Es empfiehlt sich, Gottesdienste möglichst oft in dieser Form zu feiern, sodass sich die Gemeinde darin wohlfühlt und damit vertraut wird. Bei der Einführung einer neuen Form gottesdienstlichen Feierns braucht es allerdings viel Sorgfalt, aber es kann für eine Gemeinde spannend sein, eine solche kennenzulernen.

Braucht es immer einen Chor, um mit dieser Liturgie einen Gottesdienst zu gestalten? Natürlich ist die Liturgie mit Chorgesang reicher, aber sie kann selbstverständlich auch ohne Chor gefeiert werden. Anstelle der Chorstücke können Lieder aus dem Reformierten Gesangbuch oder dem *rise up plus* verwendet werden. In diesem Heft sind in den ergänzenden Spalten neben der Liturgie die entsprechenden Liednummern aufgeführt. Auf www. liturgieboerse.ch sind zudem weitere Liedvorschläge sowie die Liturgie als Word-Dokument in separaten Fassungen für den Chor-, Pop- und Jodel-Gottesdienst zu finden. Da die Gemeinde verschiedene Texte der Liturgie spricht, muss für die Aargauer Jubiläumsliturgie jeweils ein Liturgieblatt für die Gemeinde gedruckt werden. Die Vorlagen dazu finden sich ebenfalls in der Liturgiebörse.

Nun wünschen wir guten Mut für diese liturgische Reise. Was wir vorschlagen, braucht in der Tat etwas Mut. Texte aus alten Zeiten treffen auf persönliche, moderne Sprache. Zugegeben, das ist ungewohnt. Vielleicht braucht es auch etwas Zeit, um einen Zugang zu finden. Wir hoffen aber, dass viele die Schönheit dieser Liturgie entdecken – einer Liturgie, die seit Jahrhunderten überliefert wird und die wir für unsere Kirche einzig wieder aufgegriffen haben.

Sabine Brändlin, Gottfried Locher

Vorwort zur Musik

*Schwarz auf Weiss ist bei weitem nicht
die grösste Sicherheit auf der Welt.
Es gibt nichts Gewisseres als Empfundenes
und Geglaubtes.*
Felix Mendelssohn Bartholdy

Aargauer Jubiläumsliturgie – der Versuch einer musikalischen Erneuerung

In Deutschland gab es in den 1920er-Jahren bis über die Mitte des 20. Jahrhunderts hinaus eine «Erneuerungsbewegung der evangelischen Kirchenmusik». Hierbei distanzierte man sich von der damals praktizierten romantischen Kirchenmusik des 19. Jahrhunderts und wollte wieder zurück zu den Wurzeln der evangelischen, reformierten Kirchenmusik des Früh- bis Spätbarocks. Diese sei klarer, reiner und linearer als die romantische, schwülstige und subjektiv empfundene Kompositionsart der Romantik. Die Expressivität der Kirchenmusik des späten 19. Jahrhunderts wurde abgelehnt und erneut die lineare Klarheit eines Heinrich Schütz oder Johann Sebastian Bach angestrebt.

In der *Orgelbewegung* der 1950er- bis 1970er-Jahre gab man der rein mechanisch funktionierenden Barockorgel mit ihrem klaren, hellen Klang den Vorzug. Die grossen, romantischen Orgeln galten als maschinell gefertigte «Fabrikorgeln», als klanglich zu dick und mit Spielhilfen überladen. Das Ideal waren beispielsweise die auch heute noch erhaltenen Orgeln von Johann Andreas Silbermann im Elsass und in der Schweiz (Dom zu Arlesheim, Prediger- und Theodorskirche in Basel).

So wurden viele romantische Orgeln, auch in den reformierten Kirchen der Schweiz, durch neue Instrumente, die mit einer «neobarocken Disposition» gebaut waren, ersetzt. Diese sind weniger «grundtönig» und klingen heller und leider manchmal auch etwas schrill. Heute sehen wir das alles mit anderen Augen und schützen die noch erhaltenen romantischen Orgeln, die dieser Bewegung im letzten Jahrhundert nicht zum Opfer gefallen sind.

Wollen wir das Reformationsjahr 2017 nutzen und versuchen es anders zu machen als diese «Erneuerungsbewegung»? Wollen wir versuchen, auf die Wurzeln unserer Kirchenmusik zurückzugehen und dabei das Gute unserer Zeit oder der jungen Vergangenheit *nicht* komplett zu verwerfen? Unser Vorbild ist in dieser Hinsicht Felix Mendelssohn Bartholdy – ein verkannter Bewahre*r und* Erneuerer alter Traditionen.

Als Enkel des Philosophen Moses Mendelssohn und Sohn eines Bankiers hatte Felix Mendelssohn Bartholdy (1809–1847) eine unbeschwerte Jugend in Hamburg und Berlin. Sein kompositorisches Schaffen kennzeichnet eine Unbekümmertheit, eine Leichtigkeit und Innigkeit, die ihresgleichen sucht.

In der «Erneuerungsbewegung» warf man seiner Musik klassizistische Glätte und verdächtige Mühelosigkeit vor. Doch war er ein hochtalentierter Musiker und Komponist, der sich jeder einzelnen seiner komponierten Noten bewusst war und somit als einer der ersten Bewahrer und Erneuerer der evangelischen Kirchenmusik betrachtet werden muss. 1829 begründete er in Berlin mit seiner Wiederaufführung der Bachschen Matthäus-Passion die Bachrenaissance. Mit seinen Oratorien Elias, Paulus und Christus wollte er nichts Neues erschaffen, sondern lediglich in seiner eigenen Musiksprache die Tradition Bachs und Händels weiterführen.

Erwähnenswert ist auch sein kompositorischer Beitrag zur evangelischen Kirchenmusik: als Jude geboren, als 7-Jähriger lutherisch getauft, komponierte er als 13-jähriger Knabe ein Magnificat, mit 14 Jahren ein Kyrie, mit 15 Jahren ein Salve Regina, mit 21 Jahren die «Reformationssymphonie» (basierend auf dem Choral «Ein feste Burg ist unser Gott») und mit 37 Jahren sogar eine komplette «Deutsche Liturgie» (Doppelchor a-capella) für den Berliner Dom. Ein verkanntes Genie, das aber zum Glück in den letzten Jahrzehnten wiederentdeckt wurde.

Verbinden wir doch Tradition mit Neuem, wie Felix Mendessohn Bartholdy es uns vorgemacht hat! Dies war meine Intention, als ich an neue Kirchenmusik für das Jahr 2017 dachte: Musik zu den guten alten Texten der Liturgie neu komponieren zu lassen, so, wie es schon die grossen Komponisten Haydn, Mozart und Mendelssohn getan hatten.

Meiner Meinung nach braucht es für unsere Gottesdienste nicht primär Musik, die nur einzelnen Gruppen oder Musikliebhabern gefällt, wie z. B. «neues geistliches Lied», ein Luther-Musical, avantgardistische oder «Neue» Musik. Diese Musikrichtungen sind sehr wichtig und es werden bereits für das Lutherjahr entsprechende Kompositionen von vielen grossartigen Musikern geschrieben.

Ich möchte aber mit der Aargauer Jubiläumsliturgie Musik anbieten, die «populär» ist. Populär im wörtlich verstandenen Sinn. In der englischen Sprache bedeutet *popular* «beliebt, bekannt, gängig, gefragt, volkstümlich» – in der lateinischen Sprache wird *popularis* mit «das Volk betreffend» übersetzt.

Ich meine damit:
– Musik, die auch im Radio am Montagnachmittag laufen kann, und nicht unbedingt für sich beansprucht, neu und einzigartig zu sein, um nur im Konzertsaal oder im Gottesdienst ihren Platz zu haben.
– Musik, die den einzigen Anspruch hat, gerne gehört, gerne gesungen und dadurch gerne aufgeführt zu werden.
– Musik, die das breite Publikum, die Musizierenden und die Musikhörenden ansprechen soll.
– Musik, die den Gottesdienst bereichern und ergänzen soll, die helfen soll, eine besondere Atmosphäre zu schaffen, eigene Spiritualität zu fördern und den Gottesdienst gemeinsam mit der Liturgin bzw. dem Liturgen zu feiern.

Dass dies nicht einfach ist und nicht mit einem einzigen Musikstil funktionieren kann, ist mir bewusst. Hierfür benötigt man mehrere Musikstile. Es braucht verschiedene Musikerinnen und Musiker, Komponistinnen und Komponisten, die sich –, je in ihrer eigenen Art –, mit dem gleichen Text auseinandersetzen und so eine stimmige, aus einem Guss bestehende Musik schaffen.

In unserem Projektteam haben wir beschlossen, gleich mehrere Varianten der reformierten Liturgie des Sonntagsgottesdienstes in unterschiedlichen Musikstilen neu komponieren zu lassen.

In der Auswahl liessen wir uns von den in der Praxis gebräuchlichsten unterschiedlichen Gottesdienstformen und Gottesdienstbesuchenden animieren. So entschieden wir uns für eine klassische Fassung für gemischten Chor (Kirchenchor), eine Popfassung für Gospel- und Jugendchöre, eine Jodelfassung für Jodelchöre und ein neues Weihnachtsspiel für Familiengottesdienste in der Advents- und Weihnachtszeit.

Vertonung eines Textes – Inspiration der Komponisten

Einen bestehenden Text zu vertonen ist eine der ältesten Kompositionstechniken und stellt somit für klassisch ausgebildete Musiker tägliches Handwerk dar. Moderne Songschreiber indessen schreiben ihre Texte meist selber. Diese unterschiedliche Ausgangslage der ausgewählten Komponisten hat die Vertonung der Liturgieteile sehr interessant und spannend gemacht.

Es blieb allen Komponisten freigestellt, ob sie die deutsche, die lateinische, die griechische oder für die Popliturgie auch die englische oder französische Textvariante wählen möchten. Es war interessant zu erleben, wie während des kompositorischen Entstehungsprozesses, den ich insbesondere bei der Popliturgie von Andreas Hausammann begleiten durfte, oft die Wahl auf die traditionelle Textform gefallen ist. Die alten Sprachen wie Griechisch und Latein haben einen besonderen Klang, sind Teil der christlichen Tradition und helfen uns, schnell in eine spirituelle Haltung zu kommen. Die alten, bekannten Worte wie Kyrie oder Gloria sind allein schon vom Sprachklang her Musik.

Chor-Gottesdienst in klassischem Stil

Meine Vision war es, eine Musik schreiben zu lassen, die sich so kantabel singen lässt wie die «Deutsche Messe» von Schubert und so eingängig ist wie die Musik von Wolfgang Amadeus Mozart.

Thomas Leininger, Organist und Komponist, hat diese schwierige Aufgabe hervorragend gelöst. Er hat einen Ton getroffen, der den gemischten Chören in unseren Kirchgemeinden quasi auf den Leib geschrieben ist. Es ist eine Musik entstanden, die von der Orgel und/oder auch von anderen Instrumenten (Violinen, Flöten usw.) begleitet werden kann.

Pop-Gottesdienst

Andreas Hausammann, der «Mr. Popularmusik» aus St. Gallen, hat in eindrücklicher Art und Weise eine Pop-Gospel-Fassung des Textes geschrieben. Diese können Gospel-, Jugend-, aber auch Projektchöre mit einfachen Mitteln aufführen.

Für die Begleitung ist keine Profi-Band nötig, der Chor kann auch nur von einer Pianistin oder einem Pianisten begleitet werden.

Jodel-Gottesdienst

Für die Jodel-Fassung hat der Volksmusikliebhaber Jürg Hochuli, Bereichsleiter Gemeindedienste der Reformierten Landeskirche Aargau, seine Kontakte spielen lassen und den Berner Pfarrer Stephan Haldemann für die Mundartversion der Liturgie gewinnen können. Die Musik hat der Jodler Peter Künzi geschrieben.

Weihnachtsspiel

«De Himmel chunnt uf d Erde» heisst das neue Weihnachtsspiel von Andrew Bond, das er als Teil der Aargauer Jubiläumsliturgie geschrieben hat. Er hat dabei eine zeitgemässe Idee umgesetzt. Es ist ein Puzzle-Weihnachtsspiel entstanden:

Verschiedene Gemeindegruppen wie Gospelchor, Kinderkirche, Sonntagsschule, Kirchenchor usw. können jeweils je für sich ihren Teil des Weihnachtsspiels proben und alles wird erst kurz vor der Aufführung zusammengesetzt. So kann mit Projektgruppen gearbeitet werden und es gibt keine langen Wartezeiten bei gemeinsamen Proben – eine grossartige Idee!

Um das Projekt der Aargauer Jubiläumsliturgie bekannt zu machen, werden auch die modernen Medien genutzt. Dankenswerterweise haben sich die Reformierten Medien bereit erklärt, die Uraufführung der vier Fassungen live im Reformationsjahr 2017 im SRF auszustrahlen.

Zusätzliche Aufführungsmaterialien können im Internet unter www.liturgieboerse.ch heruntergeladen werden.

Ein grosser Dank für die Finanzierung und Mithilfe zur Durchführung gilt Christoph Weber-Berg, Kirchenratspräsident der Reformierten Landeskirche Aargau, als Schirmherr und Jürg Hochuli, Bereichsleiter Gemeindedienste.

Ich wünsche mir, dass diese neuen Kompositionen einen Anstoss geben, über Altes und Neues nachzudenken, es zu prüfen und auszuprobieren.

Jede Zeit hat ihre eigenen Ideale. Das heutige Wissen um diese Vielfalt auf beinahe allen Gebieten ist ein grosser Schatz, den wir uns bewahren und lebendig erhalten sollten.

Dieter Wagner

Reformierter Abendmahlsgottesdienst:
Liturgie

Reformierter Abendmahlsgottesdienst

 SAMMLUNG

EINGANGSMUSIK

EINGANGSWORT

| Liturg/-in: | Im Namen des Vaters und des Sohnes und des Heiligen Geistes.   *Mt 28,19* | *Mit diesen Worten erinnern wir uns an unsere Taufe: Wir gehören zum dreieinen Gott, unser Leben steht unter seinem Segen. Das Grusswort entspricht der Taufformel im Matthäusevangelium.* |
| Alle: | Amen. | |

| Liturg/-in: | Unsere Hilfe steht im Namen Gottes, der Himmel und Erde gemacht hat, der Bund und Treue hält ewiglich und nicht fahren lässt das Werk seiner Hände.   *Ps 124,8; 138,8c* | |
| Alle: | Amen. | *Amen bedeutet «So ist es.» Damit drückt die Gemeinde ihre Zustimmung zum vorher Gesagten aus. Alle sind deshalb eingeladen, im Verlauf des Gottesdienstes jeweils mitzusprechen, wenn Amen gesagt wird.* |

BEGRÜSSUNG

LIED
stehend

Der trinitarische Gruss ist die in der Ökumene meistverwendete Form der Gottesdiensteröffnung.

Im Namen Gottes des Vaters
und des Sohnes
und des Heiligen Geistes.

Als Standard wird das sog. «Adjutorium» vorgeschlagen. Alternativ kann der Gnadengruss verwendet werden.

Gnade sei mit euch
und Friede von Gott, unserem Vater,
und dem Herrn Jesus Christus.   *1Kor 1,3*

In freier Rede: kurzer Gruss, evtl. ein paar Worte zum Sonntag im Kirchenjahr, evtl. Worte zum besonderen Anlass des Gottesdienstes. Falls zum ersten Mal mit dieser Liturgie gefeiert wird: evtl. einführende Worte zur Liturgie.

EINGANGSGEBET MIT SCHULDBEKENNTNIS

Schuld gehört zum Leben. Sie einzugestehen, kann uns schwerfallen, und doch belastet sie uns zuweilen. Es ist ein Zeichen von innerer Grösse, zu eigenem Versagen stehen zu können. Zu Beginn des Gottesdienstes können wir Gott anvertrauen, worin wir uns schuldig fühlen.

Liturg/-in: Gott, wir kommen zu dir,
um uns zu sammeln,
unsere Gedanken und was uns bewegt.
Öffne uns für deine Nähe, lass uns deine Stimme hören.
Stärke unser Vertrauen zu dir.

Alle: Gott, du kennst uns.
Wir sind nicht die Menschen, für die wir gerne gehalten würden.
Wir werden schuldig in Gedanken, Worten und Werken,
wir verletzen andere
und wir leben an deinem Willen vorbei.

Wir bitten Dich: Vergib uns alle Schuld. Nimm uns an, wie wir sind.
Versöhne uns mit dir, mit uns selber und miteinander. Amen.

Liturg/-in: Wir bitten: Herr, erbarme dich. Kyrie eleison.

KYRIE ELEISON – HERR, ERBARME DICH

Chor/Gemeinde

«Kyrie eleison» heisst «Herr, erbarme dich.» Wir kennen nur einen Herrn, Jesus Christus. «Kyrie!», «Herr!»: Dieser Ruf gilt ihm allein und ist deshalb auch eine Absage an menschliche Herrschaftsansprüche aller Art.

ZUSPRUCH DER VERGEBUNG

Liturg/-in: Gott handelt nicht nach unseren Sünden
und vergilt uns nicht nach unserer Missetat.
Denn so hoch der Himmel über der Erde ist,
lässt er seine Gnade walten über denen, die ihn fürchten.
So fern der Morgen ist vom Abend,
lässt er unsere Übertretungen von uns sein.   *Ps 103,10–12*

Gott nimmt uns an, wie wir sind.
Er versöhnt uns mit sich,
mit uns selbst und miteinander.

Das Gebet kombiniert zwei Funktionen, nämlich ein sog. Kollektengebet (zur Sammlung der Gemeinde am Beginn des Gottesdienstes) und ein Schuldbekenntnis, welches in den anschliessenden Kyrie-Ruf übergeht. Der erste Abschnitt stammt aus der Taschenliturgie, S. 21.

Liturg/-in
wählt frei aus.

Abschluss auch nach Alternativtext:
Wir bitten: Herr, erbarme dich.
Kyrie eleison.

RG-Liednummern 193–202
rise up plus Nr. 056–064

Liturg/-in
wählt frei aus.

Liturg/-in:	Ehre sei Gott in der Höhe!

GLORIA

Chor/Gemeinde	*Der Gloria-Hymnus ist ein Lobgesang aus dem*
	frühen Christentum. Er beginnt mit den Worten aus
	Lk 2,14, mit welchen die Engel den Hirten die
	Geburt Jesu ankündigen. So weist das Gloria
	während des ganzen Jahres auf Weihnachten hin.
	Und es erinnert daran, dass Gott allein die Ehre
	gebührt: soli deo gloria!

VERKÜNDIGUNG

SCHRIFTLESUNG

ANTWORTPSALM

im Wechsel gesprochen –
I: Liturg/-in / II: Gemeinde

HALLELUJA

Chor/Gemeinde	*«Halleluja» (hebräisch) heisst «Lobt Gott!».*
	Dieser Ruf erinnert daran, dass der folgende
	Predigttext mehr ist als Menschenwort.

PREDIGTTEXT

MUSIK

Abschluss auch nach Alternativtext:
Ehre sei Gott in der Höhe!

Es ist üblich, in der Advents- und Passionszeit
auf das Gloria zu verzichten.

RG-Liednummern 220–225
rise up plus Nr. 065–068

Die Lesungen werden idealerweise von einer
Lektorin oder einem Lektor vorgetragen.
Im Gottesdienst sollen nicht nur Ordinierte
vor der Gemeinde stehen. Es empfiehlt sich,
die Lektoren und Lektorinnen auf ihren Dienst
vorzubereiten Die Lesung(en) und der
Predigttext sollen das Alte und das Neue
Testament angemessen berücksichtigen. Die
Perikopenordnung des Kirchenbundes kann
hilfreich sein (www.perikopen.ch).

Liturg/-in
wählt frei aus oder folgt
der Perikopenordnung.

Lange Psalmen können auch nur auszugsweise
gesprochen werden, aber mindestens 6 bis
8 Strophen, damit ein ruhiger Rhythmus des
Wechsels zwischen Liturg/-in und Gemeinde
entstehen kann.

RG-Liednummern 229–246
rise up plus Nr. 071

Liturg/-in
wählt frei aus oder folgt
der Perikopenordnung.

Die Musik sollte kurz gehalten werden,
damit die Einheit von Predigttext und Predigt
erkennbar bleibt.

MUSIK

CREDO
stehend

Credo heisst: «Ich glaube.» Das Credo verbindet uns mit Christinnen und Christen an allen Orten und aus allen Zeiten. Der Text fordert uns heraus: Es sind nicht unsere eigenen Worte und entspricht vielleicht nicht in allem dem, was wir je persönlich glauben können. Indem wir das Credo gemeinsam sprechen, werden wir erkennbar als Teil der grossen Gemeinschaft der Getauften.

Liturg/-in: Gemeinsam bekennen wir unseren Glauben:

Alle:

Ich glaube an Gott,
den Vater, den Allmächtigen,
den Schöpfer des Himmels und der Erde.

Und an Jesus Christus,
seinen eingeborenen Sohn, unsern Herrn,
empfangen durch den Heiligen Geist,
geboren von der Jungfrau Maria,
gelitten unter Pontius Pilatus,
gekreuzigt, gestorben und begraben,
hinabgestiegen in das Reich des Todes,
am dritten Tage auferstanden von den Toten,
aufgefahren in den Himmel;
er sitzt zur Rechten Gottes,
des allmächtigen Vaters;
von dort wird er kommen,
zu richten die Lebenden und die Toten.

Ich glaube an den Heiligen Geist,
die heilige, allgemeine, christliche Kirche,
Gemeinschaft der Heiligen,
Vergebung der Sünden,
Auferstehung der Toten
und das ewige Leben.
Amen. *Apostolisches Glaubensbekenntnis*

In diesem Gottesdienst ist eine nicht zu lange
Predigt zu empfehlen, weil sonst die ganze
Liturgie deutlich über eine Stunde dauern wird.
Wer der Bedeutung der Predigt für den reformierten Gottesdienst sichtbar Ausdruck geben
will, kann dazu die dafür vorgesehenen Kanzeln
benützen.

Unsere Kirche «ist im Sinne des altchristlichen
Glaubensbekenntnisses Teil der einen, heiligen,
katholischen und apostolischen Kirche.»
(Kirchenordnung der evang.-ref. Landeskirche
des Kantons Zürich, Art. 3, Abs. 2).
Die Reformatoren haben im Gottesdienst das
Apostolikum verwendet und entsprechend von
der (nun reformierten) katholischen Kirche
gesprochen. Wem «katholisch» zu konfessionell
klingt, kann stattdessen «die heilige, allgemeine, christliche Kirche» sagen.

Die Gemeinde spricht das Bekenntnis
gemeinsam oder es wird ein vertontes Credo
verwendet. In der Partitur zum Chor-Gottesdienst liegt das Apostolikum vertont vor.
Beim Jodel-Gottesdienst kann das Credo
«Ds gröschte Gschänk» gesungen werden.

*Andere Bekenntnisse im Reformierten
Gesangbuch (Nr. 264–268)*

oder
Bekenntnis von Kappel:

Ich vertraue Gott, der Liebe ist,
Schöpfer des Himmels und der Erde.
Ich glaube an Jesus,
Gottes menschgewordenes Wort,
Messias der Bedrängten
und Unterdrückten,
der das Reich Gottes verkündet hat
und gekreuzigt wurde deswegen,
ausgeliefert wie wir der Vernichtung,
aber am dritten Tag auferstanden,
um weiterzuwirken für unsere Befreiung,
bis Gott alles in allem sein wird.
Ich vertraue auf den heiligen Geist,
der in uns lebt,
uns bewegt, einander zu vergeben,
uns zu Mitstreitern
des Auferstandenen macht,
zu Schwestern und Brüdern derer,
die dürsten nach der Gerechtigkeit.
Und ich glaube an die Gemeinschaft
der weltweiten Kirche,
an den Frieden auf Erden,
an die Rettung der Toten
und an die Vollendung des Lebens
über unser Erkennen hinaus.

FÜRBITTEN

ABKÜNDIGUNGEN

FÜRBITTEN MIT LITURGISCHEM RUF

Kirche ist immer auch Kirche für andere. Mit den Fürbitten wird unsere Sorge um die Welt Teil unseres Gottesdienstes. Wir denken an Menschen in Not und bringen sie im Gebet vor Gott.

Liturg/-in: Gott, vor dir denken wir an ... (Namen nennen).
Wir bitten dich: Nimm die/den Verstorbenen bei dir auf in deiner Liebe
und sei du den Angehörigen Licht in ihrer Trauer.
Gott, wir bitten dich:

Alle: [Liedruf] Wir bitten dich, erhöre uns.

Gott, wir beten für Menschen, die unter Krieg und Gewalt leiden.
Wir beten für Gefangene und Gefolterte,
für Missbrauchte und Vergewaltigte.
Wir beten für Kranke, Arme und Einsame.
Gott, wir bitten dich:

Alle: [Liedruf] Wir bitten dich, erhöre uns.

Liturg/-in: Gott, wir beten für Menschen, die in Kirche, Politik und Wirtschaft Verantwortung tragen
und für alle, die sich um Kinder, Kranke und alte Menschen kümmern.
Wir beten für Kirchen in Bedrängnis und Gemeinden in Orientierungslosigkeit.
Gott, wir bitten dich:

Alle: [Liedruf] Wir bitten dich, erhöre uns.

Liturg/-in: Gott, wir beten für Kinder in Not
und Jugendliche auf der Suche.
Wir beten für unsere Ehen und Beziehungen,
für unsere Freundschaften und Familien.
Gott, wir bitten dich:

Alle: [Liedruf] Wir bitten dich, erhöre uns.

Liturg/-in: Gott, in der Stille vertrauen wir dir all das an, was uns bewegt und beschäftigt. [Stille] Gott, wir bitten dich:

Alle: [Liedruf] Wir bitten dich, erhöre uns. Amen.

Die Fürbitten können von Lektor/-innen und von anderen Mitgliedern der Gemeinde vorgetragen werden. Auch weitere Gebetsanliegen haben hier Platz. Die Gemeinde antwortet darauf jeweils mit einem Gebetsruf. Beim Jodel-Gottesdienst liegt keine Vertonung des Gebetsrufes vor. Wir empfehlen, einen Gebetsruf aus dem Reformierten Gesangbuch (Nr. 294–298) zu verwenden.

Liturg/-in oder Mitglieder der Gemeinde formulieren eigene Fürbitten.

ABENDMAHL

GABENBEREITUNG

Liturg/-in: Jesus Christus spricht: Ich bin das Brot des Lebens. Wer zu mir kommt, wird nicht hungern. Wer an mich glaubt, wird nie mehr Durst haben. *(Joh 6,35)*

ABENDMAHLSGEBET

[evtl. Akklamation, , siehe Text ganz rechts]

Liturg/-in: Gott, wir preisen dich, denn du hast uns ins Leben gerufen. Du lässt uns nicht allein auf unserem Weg und bist immer da für uns. Einst hast du dein Volk Israel durch die weglose Wüste geleitet. Du hast deinen Sohn zu uns Menschen gesandt. Er hat Frauen und Männer in seine Nachfolge gerufen. Heute führst du deine pilgernde Kirche in der Kraft des Heiligen Geistes.

Darum rühmen wir dich mit allen Engeln
und singen das Lob deiner Herrlichkeit:
Heilig, heilig, heilig, Gott.

SANCTUS

Chor/Gemeinde *«Heilig, heilig, heilig ist der Herr der Heerscharen»: So besingen die Engel Gott im Buch Jesaja (Jes 6,3). Darauf folgen die Worte, mit welchen Jesus am Palmsonntag in Jerusalem begrüsst wurde: «Gelobt sei, der da kommt im Namen des Herrn.»*

Liturg/-in geht zum Abendmahlstisch und deckt Brot und Kelche ab. Das musikalische Zwischenspiel sollte nur ganz kurz sein.

Mit dem Wechselgespräch zwischen Liturg/-in und Gemeinde («Akklamation») beginnt in vielen Kirchen das Abendmahlsgebet. Die feiernde Gemeinde nimmt aktiv an der Vorbereitung des Abendmahls teil. In reformierter Tradition ist es wenig, ökumenisch weit verbreitet.
Das Abendmahlsgebet kann mit oder ohne Akklamation gebetet werden.

Das Abendmahlsgebet ist ein Dankgebet, das sich an Gott richtet und Bezug auf die Heilsgeschichte nimmt. Zuletzt mündet es in die Worte des Sanctus.

Akklamation:
Liturg/-in:
Der Herr sei mit euch.
Gemeinde:
Und mit deinem Geiste.
Liturg/-in:
Erhebet die Herzen.
Gemeinde:
Wir haben sie beim Herrn.
Liturg/-in:
Lasset uns danken dem Herrn, unserm Gott.
Gemeinde:
Das ist würdig und recht.

Danach Abendmahlsgebet wie vorgeschlagen (siehe ganz links) oder frei formuliert.

Abschluss auch nach Alternativtext:
Liturg/-in:
Darum rühmen wir dich mit allen Engeln und singen das Lob deiner Herrlichkeit: Heilig, heilig, heilig, Gott.

So verbindet das Sanctus alt- und neutestamentliche Aussagen und verortet auf diese Weise christologische Aussagen in der Heilsgeschichte Israels.

RG-Liednummern 304–309
rise up plus Nr. 080-090

BITTE UM DEN HEILIGEN GEIST ÜBER BROT UND WEIN

Liturg/-in: Ja, du bist heilig, grosser Gott,
                du bist die Quelle alles Guten.

                Wir bitten dich: Sende deinen
                Geist auf diese Gaben und
                heilige sie, damit sie uns werden
                Leib und Blut Jesu Christi.

Brot und Wein: Im Abendmahl bedeuten sie nicht nur leibliche Nahrung, sondern auch Gemeinschaft mit Christus. Diese neue Bedeutung können wir nicht selber schaffen, deshalb bitten wir Gott um seinen Heiligen Geist.

EINSETZUNGSWORTE

Liturg/-in: Denn in der Nacht, da er verraten
                wurde, nahm er das Brot, dankte,
                brach es, gab es seinen Jüngern und
                sprach:
                Nehmet und esset alle davon:
                Das ist mein Leib, der für euch
                hingegeben wird.

                Ebenso nahm er nach dem Mahl
                den Kelch, dankte wiederum, reichte
                ihn seinen Jüngern und sprach:
                Nehmet und trinket alle daraus:
                Das ist der Kelch des neuen
                und ewigen Bundes, mein Blut,
                das für euch und für alle vergossen
                wird zur Vergebung der Sünden.
                Tut dies zu meinem Gedächtnis.

Mit Leib und Blut Christi ist alles gemeint, was Jesus verkörpert: Sein Leben hier auf Erden, sein Tod und seine Auferstehung. In Jesus Christus sind wir zudem alle miteinander verbunden als Gemeinde vor Ort und als Kirche rund um die Welt.

GEHEIMNIS DES GLAUBENS

Liturg/-in: Geheimnis des Glaubens:

Gemeinde: Deinen Tod, o Herr, verkünden wir,
                und deine Auferstehung preisen wir,
                bis du kommst in Herrlichkeit. Amen.

Abendmahl und Auferstehung: Beide sind ein Geheimnis, das unser Verstehen übersteigt.

Im Abendmahl bitten wir Gott um seinen Heiligen Geist auf die Gaben von Brot und Wein und auf die Gemeinde. Vgl. Taschenliturgie, S. 50: «Sende deinen Heiligen Geist auf uns und diese Gaben.» Zuerst erfolgt hier die Bitte auf die Gaben von Brot und Wein. Eingeleitet wird sie durch das sog. «Postsanctus».

Wir bitten dich: Sende deinen Heiligen Geist auf diese Gaben und heilige sie.

Es gibt mehrere biblische Berichte zur Einsetzung des Abendmahls durch Jesus. Wir verwenden die in der Ökumene weiterum gebräuchliche Fassung, welche wichtige Elemente aus den verschiedenen Berichten zusammenfasst. Alternativ können die Einsetzungsberichte in *1Kor 11,23–26*, *Mt 26,26–28*, *Mk 14,22–26* oder *Lk 22,1–20* verwendet werden. Es kann hilfreich sein, die Einsetzungsworte auswendig zu sprechen.

BITTE UM DEN HEILIGEN GEIST ÜBER DIE GEMEINDE
stehend

Liturg/-in: Wir bitten dich: Sende deinen
Heiligen Geist auf uns, heile uns
und stärke unseren Glauben,
erneuere uns und lasse uns eins
werden in Christus.

Wir bitten Gott um seinen Heiligen Geist, auf dass das Abendmahl in uns und unserer Gemeinschaft wirksam werde.

Liturg/-in: Ehre sei dem Vater und dem Sohn und dem Heiligen Geist,
wie im Anfang so auch jetzt und allezeit und in Ewigkeit.

Alle: Amen.

UNSER VATER
stehend

Liturg/-in: Vereint mit der ganzen Christenheit,
mit allen, die uns in Tod und
Auferstehung vorangegangen sind,
und mit allen, deren Namen wir
im Herzen tragen, beten wir miteinander,
wie Jesus uns gelehrt hat:

Alle: Unser Vater im Himmel,
geheiligt werde dein Name.
Dein Reich komme.
Dein Wille geschehe,
wie im Himmel, so auf Erden.
Unser tägliches Brot gib uns heute.
Und vergib uns unsere Schuld,
wie auch wir vergeben unsern Schuldigern.
Und führe uns nicht in Versuchung,
sondern erlöse uns von dem Bösen.
Denn dein ist das Reich
und die Kraft und die Herrlichkeit
in Ewigkeit.
Amen.

Andere oder auch keine Einleitung möglich

Informationen für Liturg/-in und Musiker/-in   Alternativtexte

FRIEDENSGRUSS
stehend

Wünschen Sie Menschen in Ihrer Nähe Gottes Frieden mit den Worten «Friede (sei) mit dir». Der Friedensgruss ist ein Zeichen für die Versöhnung der ganzen Gemeinde.

Liturg/-in: Jesus Christus spricht:
Frieden lasse ich euch,
meinen Frieden gebe ich euch.   *(Joh 14,27)*

Der Friede Gottes sei mit uns allezeit!
Gebt einander ein Zeichen des Friedens.

AGNUS DEI

Chor/Gemeinde   *Agnus Dei bedeutet «Lamm Gottes». Darin zeigt sich die Verletzlichkeit und die Hingabe Jesu Christi.*

AUSTEILUNG VON BROT UND WEIN

Liturg/-in: Jesus Christus spricht:
Ich bin das lebendige Brot, das vom Himmel herabgekommen ist. Wenn jemand von diesem Brot isst, wird er in Ewigkeit leben.   *(Joh 6,51)*

[evtl. Antwort der Gemeinde, vgl. ganz rechts]

Liturg/-in: Kommt, es ist alles bereit.

DANKGEBET

Liturg/-in: Jesus Christus, wir tragen dich in uns.
Gemeinsam tragen wir dich in die Welt.
Wir danken dir, und wir bitten dich: Herr, bleibe bei uns.

Amen.

Vgl. Jes 53,7 und Apg 8,32. Der meditative, repetitive Text ist an Jesus Christus gerichtet.

RG-Liednummern 312–316
rise up plus Nr. 070

Zum Alternativtext: Die Worte «Herr, ich bin nicht würdig …» sind ökumenisch weiterum gebräuchlich. Sie können gelesen werden als Zeichen der Bescheidenheit all jener, die wie der Hauptmann von Kafernaum Jesus Christus empfangen.

Antwort der Gemeinde:
Herr, ich bin nicht würdig, dass du eingehst unter mein Dach; aber sprich nur ein Wort, so wird meine Seele gesund.
(nach Mt 8,8)

SENDUNG

MITTEILUNGEN

LIED
stehend

SEGEN
stehend

Liturg/-in:	Gott segne dich und behüte dich. Gott lasse sein Angesicht leuchten über dir und sei dir gnädig. Gott erhebe sein Angesicht auf dich und gebe dir Frieden. *(Num 6,24-26)*	*Der aaronitische Segen ist eine der ältesten biblischen Segensformeln.*
Alle:	Amen.	

SENDUNG
stehend

Liturg/-in:	Geht hin im Namen des Vaters und des Sohnes und des Heiligen Geistes.	*Der Gottesdienst endet, wie er begonnen hat: im Namen des dreieinen Gottes.*
Alle:	Amen.	

MUSIK

Liturg/-in
wählt einen anderen Segen aus.

Liturg/-in:
Geht hin im Namen Gottes
des Vaters
und des Sohnes
und des Heiligen Geistes.

Erläuterungen zur Aargauer Jubiläumsliturgie

Reformiert & ökumenisch

«Dass Zwingli in seiner Auseinandersetzung mit dem Abendmahl vielfach Belege aus der Tradition der Väter vorbringt, ist aus zweierlei Gründen bedeutsam: Zum einen versucht der Reformator, sich in der Tradition einzuordnen, und zum anderen geht es ihm darum, den echten, ursprünglichen Gebrauch der Eucharistie wiederherzustellen.»[2]

So ist Zwingli in seiner Abendmahlsliturgie, die er «action und bruch des nachtmahls» nannte, zwar teilweise von der üblichen Messordnung abgerückt, aber die wesentlichen Elemente aus dem Wortgottesdienst der Messe hat er übernommen: das Kollektengebet, das Gloria, eine Epistellesung, eine Evangelienlesung, das Credo (Apostolikum) und nach einer kurzen Vermahnung das Vaterunser. Seine Abendmahlsliturgie kann deshalb als in der Tradition verortete Neuschöpfung bezeichnet werden. Insgesamt hatte sie «den Charakter eines Ordinariums. In jeder Feier wurden dieselben Texte gelesen.»[3] Diese Ordnung hat sich jahrhundertelang gehalten: «Sowohl der Predigtgottesdienst als auch Zwinglis ‹Nachtmahl› wurden in der Zürcher Kirche bis ins 19. und späte 20. Jahrhundert hinein kaum verändert.»[4]

Eine liturgische Neuordnung durch die Reformatoren hatte sich im 16. Jahrhundert aufgedrängt: Die Priester zelebrierten die Messe täglich auf Lateinisch und somit für das Kirchenvolk kaum nachvollziehbar; sie standen mit dem Rücken zur Gemeinde. Eine Beteiligung durch Akklamationen und Gesänge war nicht üblich. Die Gläubigen empfingen die Hostienkommunion immer seltener, und schon ab dem 12. Jahrhundert war die Kelchkommunion entfallen. Es entstand eine Art «Schaufrömmigkeit», bei der die Gläubigen bloss noch dadurch beteiligt waren, dass sie die Hostie anschauten, wenn der Priester sie nach der Wandlung hochhielt.[5] Die Feier der Messe hatte sich damit im Laufe der Zeit in eine Richtung entwickelt, die einer Korrektur bedurfte. Die Reformatoren führten die Volkssprache in der Liturgie ein. Sie änderten die Zelebration so, dass sich die Liturgen der feiernden Gemeinde zuwandten und alle Gläubigen am Abendmahl in beiderlei Gestalt partizipieren konnten.

Das grundlegende theologische Anliegen der Reformatoren war freilich, in allem Christus wieder ganz ins Zentrum zu stellen. «Wie ein übertünchtes Gemälde war dieses Angesicht Christi in der Geschichte der Kirche zunehmend unkenntlich gemacht worden. Zwingli war überzeugt: Reinigt man es wieder von menschlichen – kirchlich-religiösen – Verunstaltungen, werden es die Menschen wieder ganz neu lieben und sich an ihm erfreuen lernen, strahlt dort doch allen Menschen Gottes Menschenfreundlichkeit und Liebeswillen entgegen.»[6] Dieser ganz auf Christus ausgerichtete Ansatz prägte auch das liturgische Wirken von Zwingli. Seine Abendmahlsliturgie beginnt mit dem Jesuswort aus Mt 11,28 (Zürcher Bibel): «Kommt zu mir, all ihr Geplagten und Beladenen: Ich will euch erquicken», gefolgt von Lesungen aus 1 Kor 11,20-29 und Joh 6,47-63. «Mit Blick auf die liturgischen Mittel heisst dies: Befreiung vom Überflüssigen und Bindung an das Notwendige nach Massgabe der Schrift.»[7]

Auch Calvins Abendmahlsverständnis ist geprägt von einer Hochschätzung der liturgischen

---

2   Kunz, Gottesdienst, 151

3   Kunz, Der neue Gottesdienst, 61

4   Meyer-Blanck, Liturgie und Liturgik, 178

5   Vgl. Brüske/Willa, Gedächtnis, 234 f.

6   Opitz, Zwingli, 23

7   Kunz, Gottesdienst, 53

Tradition: «Calvins Kritik an der römischen Messe meinte keine Abwertung der Eucharistie. Sie zielte auf die Wiederherstellung der Reinheit ihres Sinnes und ihrer Praxis.»[8] Beiden Reformatoren ging es demnach darum, zur ursprünglichen Form der Eucharistie beziehungsweise des Abendmahls zurückzuführen. Die Fokussierung auf Christus als den eigentlich Handelnden ist das liturgische Kernanliegen der Reformation. «Die Aufgabe einer ‹Reformation› der Kirche kann somit nur in einer Re-duktion, einer Rück-führung des kirchlichen und christlichen Lebens auf dieses göttlich gesetzte Fundament, auf Christus selber, bestehen.»[9]

Der vorliegende Gottesdienstentwurf macht sich diese reformatorischen Kernanliegen zu eigen:

Solus Christus: Das Abendmahl als liturgische Vergegenwärtigung der Gemeinschaft in Christus ist integraler Bestandteil der Liturgie.

Sola scriptura: Biblische Texte bilden den roten Faden, auf dem Liturgieblatt werden sie ausgewiesen. Zwingli hat in seiner Abendmahlsliturgie vorgesehen, dass fast das ganze 6. Kapitel des Johannesevangeliums gelesen wird – zwei Verse daraus kommen in der vorliegenden Abendmahlsliturgie vor.

Gemeindebeteiligung: Wir machen erstens beliebt, dass die Lesungen durch Lektorinnen und Lektoren vorgetragen werden. Ebenso können bei den Fürbitten und beim Abendmahl weitere Mitglieder der Gemeinde mitwirken, indem sie zum Beispiel auch einzelne Elemente der Abendmahlsliturgie sprechen. Zweitens wird die Gemeinde eingeladen, verschiedene Texte in Form von Responsorien mitzusprechen. Drittens spricht die Gemeinde gemeinsam die beiden christlichen Grundtexte «Credo» und «Unservater».

Ökumenisch & reformiert

Der Aargauer Kirchenratspräsident Christoph Weber-Berg schreibt zu den Feierlichkeiten zum Reformationsjubiläum 2017: «In diesem Sinne ist die Feier der Reformation eine Chance zu ökumenischer Offenheit und zu gegenseitigem Lernen und Wachsen im Glauben. Sie muss weder als konfessionell abgrenzende ‹Gründungs-Erinnerungsfeier› noch als sorgenvoll zu gedenkende Kirchenspaltung missverstanden, sondern darf als Fest des Evangeliums, der guten Botschaft für die Menschen, über konfessionelle Grenzen hinweg gefeiert werden.»[10]

In diesem Sinne kombiniert der vorliegende liturgische Entwurf die oben dargelegten reformatorischen Impulse mit der Form gottesdienstlichen Feierns, wie sie in den meisten Konfessionen Praxis ist. Sie geht von der ökumenisch am weitesten verbreiteten altkirchlichen Gottesdienstform aus und gibt den darin enthaltenen klassischen Elementen des Ordinariums (Kyrie, Gloria, Halleluja, Credo, Sanctus und Agnus Dei) Raum. Die Orientierung an dieser altkirchlichen Liturgie ist nicht neu, schon im Abendmahlband der deutschschweizerischen Liturgiekommission von 1983 wird sie an erster Stelle aufgeführt. Neu ist eher die Kombination mit zeitgemässen Formulierungen von Gebetstexten. In der Einführung zum Abendmahlband ist zu lesen: «Die liturgische Form der Messe, wie sie sich im Laufe des abendländischen Mittelalters herausgebildet hat, ist nicht einer einzigen Konfession oder Gruppe von Konfessionen eigen und darf darum auch nicht allein unter diesem Gesichtspunkt betrachtet werden, sondern sie stellt ein gemeinchristliches Erbe dar, das die Christen des Abendlandes verbinden kann, und uns – in gewissen Grundzügen – auch mit den Kirchen des Ostens verbindet.»[11] Dass die altkirchliche Gottesdienstliturgie auch in reformierten Kirchen ihren Ort hat, bestätigt der reformierte Liturgiewissenschaftler Alfred Ehrensperger: «Würde dies (das Feiern des Abendmahls) mit der Zeit allsonntäglich oder wenigstens ein- bis zweimal im Monat geschehen, so drängt sich meines Erachtens

8   Busch, Gotteserkenntnis, 111

9   Opitz, Zwingli, 38

10   Weber-Berg, Re-formulierter Glaube, 30

11   Liturgie, hg. im Auftrag der Liturgiekonferenz der evangelisch-reformierten Kirchen in der deutschsprachigen Schweiz, Bd. III: Abendmahl, 17 f.

die Grundform der Messe auf.»[12] Ähnlich positionierte sich in jüngerer Zeit der Zürcher Praktologe Ralph Kunz: «Selbstverständlich *können* und *dürfen* die Reformierten Messe feiern! Es gibt keinen theologischen Grund, die Messform abzulehnen.»[13]

Und schliesslich wurde auch von kirchenleitender Seite bereits festgehalten, dass ökumenisches Lernen auch eine liturgische Dimension beinhaltet. In der sog. Charta Oecumenica, einem gesamtökumenischen Grundsatzpapier aus dem Jahr 2001, haben sich die Mitglieder der Konferenz Europäischer Kirchen (darunter auch der Schweizerische Evangelische Kirchenbund) und der Rat der Europäischen Bischofskonferenzen auf folgende Formulierung geeinigt:

«Wir verpflichten uns, die Gottesdienste und die weiteren Formen des geistlichen Lebens anderer Kirchen kennen und schätzen zu lernen; (und) dem Ziel der eucharistischen Gemeinschaft entgegenzugehen.»[14]

Die vorliegende Liturgie versteht sich demnach als reformierter Beitrag zur eucharistischen Gemeinschaft. Sie will dazu beitragen, dass sich Getaufte, deren konfessionelle Heimat nicht die evangelisch-reformierte Tradition ist, in unserer Kirche vertraut fühlen. In Anbetracht der steigenden Anzahl gemischt-konfessioneller Ehen und Familien erhält dieser Gesichtspunkt eine immer grössere Bedeutung. Gerade weil die Ökumene in gewissen Fragen offenbar stagniert, gilt es, im Bereich der Liturgie die Möglichkeiten wahrzunehmen, aufeinander zuzugehen und das Verbindende zu stärken.

Die vorliegende Liturgie verbindet uns nicht nur mit Menschen anderer Konfessionen, sondern auch mit unseren Glaubensgeschwistern in der französischsprachigen Schweiz. Die Kirchen der französischsprachigen Schweiz wurden bei ihrer liturgischen Erneuerung u. a. von der reformierten Kirche Frankreichs inspiriert. Diese Kirche wiederum hat in einer liturgischen Reform im Jahr 1950/1963 den Abendmahlsgottesdienst als Standardgottesdienst bestimmt.[15] Zu diesem «liturgischen Röstigraben» hielt der Schweizerische Evangelische Kirchenbund bereits an seiner Abgeordnetenversammlung 1986 in Locarno fest: «Die Fragen um das Mahl des Herrn betreffen einerseits theologische Grundfragen, gewiss, sie betreffen aber auch allgemein das Verhältnis unserer Kirchen zu den Liturgiefragen. Die Kirchen der Westschweiz sind durch eine liturgisch sehr engagierte Bewegung dazu geführt worden, die Liturgie ganz neu zu entdecken. Es ist in den letzten dreissig Jahren in ihnen recht eigentlich ein neues Bewusstsein für liturgische Fragen entstanden. In den Kirchen der deutschsprachigen Schweiz hat diese Entwicklung nicht im gleichen Masse stattgefunden. Man kann im Gegenteil den Eindruck erhalten, dass der Sinn für historisch gewachsene, sinnvolle Formen der Liturgie eigentlich erst geweckt werden müsste. Dass die Gestaltung des Gottesdienstes nicht bloss eine Frage der Spontaneität, der originellen Einfälle oder des ‹tötenden› Buchstabens ist, sondern im Rahmen von festen, nicht starren Formen Ausdruck des Glaubens der Kirche sein könnte, ist ein Gedanke, dem man selten begegnet.»[16] Es ist demnach festzuhalten, dass sich die Liturgie der reformierten Kirchen der französischsprachigen Schweiz bis in die Gegenwart stärker an der altkirchlichen Liturgie orientiert. Beispielsweise enthält die Abendmahlsliturgie (*liturgie eucharistique*) nebst Sanctus und Agnus Dei auch eine Akklamation vor dem Abendmahlsgebet, wie wir sie als ökumenische Variante vorschlagen, den Friedensgruss und die Epiklese.[17]

12 Ehrensperger, Gottesdienst, 36

13 Kunz, Der neue Gottesdienst, 57

14 Charta Oecumenica, 5-8, zitiert nach Huwyler/Sallmann, Das Abendmahl in evangelischer Perspektive, 15

15 Zur Liturgiereform der Eglise Réformée de France vgl. Bürki, Die Form des reformierten Gottesdienstes, in : Baschera/Berlis/Kunz, Gebet, 132 ff.

16 Taufe, Mahl des Herrn und Diener/Dienerinnen in der Kirche, 3f, zitiert nach: Huwyler/Sallmann, Das Abendmahl in evangelischer Perspektive, 22

17 Liturgie du Dimanche, 218 ff.

Hören & Erfahren

«Der kirchliche Gottesdienst ist zuerst, er ist primär, ursprünglich, substantiell göttliches [...] Handeln.»[18]

Diesen eindringlichen Worten Karl Barths folgt auch unser liturgischer Entwurf. Im Gottesdienst erhoffen wir uns Gottes Handeln. Wir bitten darum, dass Gott durch seine Worte zu uns spricht, dass Jesus Christus uns im Abendmahl nahekommt und dass der Heilige Geist mit seiner verändernden Kraft in uns und unter uns wirkt. Die Zuwendung Gottes zu uns Menschen ist Ursprung und Anfang des Gottesdienstes. Wir erhoffen Gottes Zuwendung zu uns Menschen – und wir Menschen wenden uns im Gottesdienst Gott zu, indem wir zu ihm beten, singen, auf seine Worte hören, uns für seine Botschaft öffnen und das Geschenk seiner Gaben im Abendmahl dankbar empfangen. Im Zentrum des Gottesdienstes steht deshalb die Begegnung von Gott mit uns Menschen – eine Begegnung, die nicht in unserer Hand liegt. Funktion der Liturgie ist es, uns aus dem Alltag sorgfältig in die Begegnung mit Gott hineinzubegleiten, uns Worte für das Gespräch mit Gott vorzuschlagen, uns die besondere sakramentale Anwesenheit Gottes erfahren zu lassen und uns schliesslich wieder zurück in den Alltag zu führen. Mit unserer Gottesdienstteilnahme beschreiten wir diesen inneren Weg immer wieder von neuem.

Im Gesangbuch der Evangelisch-reformierten Kirchen der deutschsprachigen Schweiz (RG) von 1998 wurde mit den Entwürfen für verschiedene Gottesdienste wie Predigtgottesdienst, Gottesdienst mit Taufe und mit Bussteil sowie Abendmahlsgottesdienst die alte liturgische Struktur aufgenommen, die in den fünf Schritten der Sammlung, Anbetung, Verkündigung, Fürbitte und Sendung vollzogen wird. Diese liturgische Neuerung war inspiriert insbesondere von der liturgischen Bewegung im 20. Jahrhundert einerseits und vom Zweiten Vatikanischen Konzil (1962–1965) andererseits. Anliegen dieser beiden liturgischen Erneuerungen war es, den Gottesdienst als Weggeschehen verstehund nachvollziehbar zu machen.[19] Im Reformierten Gesangbuch (RG) sind freilich nur die einzelnen liturgischen Elemente, jedoch keine konkreten Textvorschläge aufgeführt. Mit der Aargauer Jubiläumsliturgie wollen wir dieser Struktur nun Inhalt geben. Im Gesangbuch sind für die Tagzeitengebete am Morgen, Mittag und Abend bereits ausformulierte Liturgien enthalten, die an vielen Orten unserer Kirche regelmässig gefeiert werden. Wir schlagen dasselbe nun für Abendmahlsgottesdienste vor.

Es kann grundsätzlich zwischen katechumenalen und mystagogischen Gottesdiensten unterschieden werden.[20] Verkürzt gesagt: Erstere dienen vor allem der Unterweisung im christlichen Glauben, letztere wollen Menschen in die Begegnung mit dem Heiligen führen. Beide Formen haben ihre Wichtigkeit. Es scheint allerdings, als würde das katechumenale Element im evangelisch-reformierten Gottesdienst dominieren. Demgegenüber treten mystagogisch geprägte Feiern, insbesondere sakramentale, in den Hintergrund. Mit der Aargauer Jubiläumsliturgie wollen wir das gottesdienstliche Leben in unserer Kirche mit einer Form kirchlichen Feierns bereichern, die mystagogisch geprägt ist. «Denn der Verlust der mystagogischen Dimension der Liturgie und der ihr innewohnenden Mystik der Gottesbegegnung führte ja zur Logorrhoe und Gestaltungspanik vieler liturgischen Feiern.»[21]

---

18 Karl Barth: Gottesdienst und Gotteserkenntnis nach reformatorischer Lehre. Zwanzig Vorlesungen über das Schottische Bekenntnis von 1560, Zollikon-Zürich, 1938, 185, in: Kunz/Marti/Plüss, Reformierte Liturgik, 16

19 Vgl. Kunz, Der neue Gottesdienst, 13

20 Vgl. dazu Hennecke, Jordan, 108 ff.

21 Hennecke, Jordan, 227 f.

Brot & Wein

«Church is where people encounter the risen Jesus.»[22]

So hat der ehemalige Erzbischof von Canterbury, Rowan Williams, die reformatorische Maxime des *solus Christus* in zeitgemässen Worten beschrieben. Es gibt viele Formen, wie die Begegnung mit dem Auferstandenen in den Gemeinden erlebt werden kann. Ein herausragender Ort dieser Christusnähe ist seit jeher und in allen christlichen Traditionen das Abendmahl. «Eine sorgfältige Dramaturgie des Abendmahls versucht, Menschen in eine Begegnung zu führen, die jenseits der konkreten Worte, Handlungen und Gegenstände der Inszenierung liegt. Die mit dem Abendmahl verbundenen Worte, Gesten, Elemente und Symbole sind gleichsam die dramaturgischen Hilfsmittel, um die Einladung und Gegenwart Christi erfahrbar zu machen.»[23] Die vielen Elemente liturgischer Inszenierung dienen dem einen Ziel dieser Erfahrung: «Beim Abendmahl geht es nie nur um die Technik liturgischer Gestaltung, sondern es geht um ein ‹Anderes›: um die Christusbegegnung, um das Teilhaben am Leib Christi, um die feierlich-festliche Vorwegnahme des Gottesreiches.»[24] Im Zentrum der Abendmahlsfeier steht die Begegnung mit dem Auferstandenen.

Der vorliegende Liturgieentwurf versucht diesem Anspruch gerecht zu werden. Methodisch bedeutet das auch, liturgische Texte möglichst nahe an Jesu eigenen Formulierungen zu belassen. Das wird erkennbar an zentraler Stelle, nämlich in der (Gaben-)Epiklese, wo das Jesuswort «Dies ist mein Leib» / «Dies ist mein Blut» aufgenommen wird: «… auf dass sie uns werden Leib und Blut Christi.» Uns ist bewusst, dass im Verständnis des Abendmahls nach wie vor grosse konfessionelle Differenzen bestehen. Auch unter Reformierten gibt es unterschiedliche Vorstellungen. Wir überlassen das konkrete Erleben des Abendmahls der Glaubens-

freiheit der Getauften und halten uns an die Worte des Zürcher Reformators Huldrych Zwingli: «Wir glauben, dass Christus beim Abendmahl wahrhaftig anwesend ist, ja wir glauben nicht einmal, dass es ein Abendmahl sei, wenn nicht Christus gegenwärtig ist … wir glauben, dass der wahre Leib Christi beim Abendmahl sakramental und geistlich gegessen wird.»[25] Überhaupt scheint es uns richtig, an Zwinglis christozentrische Theologie zu erinnern. Reformierter Glaube ist Christus-zentrierter Glaube, denn es ist «allein der Glaube an Christus, der die Seele sättigt und nährt, so dass ihr nichts weiter mangelt.»[26] Erfreulicherweise ist das längst keine konfessionelle Sicht mehr.[27] Die Feier des Abendmahls wird, so verstanden, zu einer Kraft, welche Konfessionsgrenzen sprengen und Einheit unter allen Getauften stärken kann. «In der Feier des Abendmahls sind wir in die Erzählung von Christi Leben, Tod und Auferstehung hineingenommen und werden eins in Christus.»[28]

Kanzel & Tisch

«Cette liturgie donne à la Cène la place qu'elle avait dans l'Eglise primitive et dans la pensée du Réformateur. Elle tient compte du mouvement qui, dans nos Eglises, accroît la fréquentation et la fréquence de la Cène. En la dissociant du culte domi-

---

22 Müller, Fresh Expressions, 92

23 Plüss, in: Müller/Plüss, Abendmahlspraxis, 53

24 Plüss, in: Müller/Plüss, Abendmahlspraxis, 55

25 ZS IV,313.315, zitiert nach: Opitz, Zwingli, 71

26 ZW III, 259, zitiert nach Kunz, Gottesdienst, 162

27 Wir zitieren hier den katholischen Priester Christian Hennecke, der seit vielen Jahren die Erneuerung des Bistums Hildesheim massgeblich prägt. Er schreibt zu seiner eucharistischen Spiritualität: «Ganz sicher aber erlebe ich in diesen Jahren, dass alles pastorale Tun in der Beziehung zu Christus seine eigentliche Heimat findet. Immer mehr spüre ich, wie in den letzten Jahren mich Gott ins Gebet führt. Man könnte sagen, je mehr Aufgaben ich anvertraut bekommen habe, desto grösser wurde das Bedürfnis zu beten. […] Die Feier der Eucharistie an jedem Tag wurde zur inneren Notwendigkeit. Ich spüre, dass ich ohne diese innere Beheimatung und Verwurzelung schnell dem Tun hinterlaufen müsste.» Hennecke, Jordan, 91

28 Bieler/Schottroff, Abendmahl, 188

32

nical, notre Eglise se séparait de l'Eglise primitive: ‹ils persévéraient dans la doctrine des apôtres et dans la communion fraternelle; ils rompaient le pain et ils priaient ensembles›, et de la pensée calvinienne: ‹ainsi, faloit-il entièrement faire que nulle assemblée de l'Eglise ne fust faicte sans la Bible, ni sans aumône, ni sans participation da la Cène, ni sans oraisons.»[29]

Diese Worte stehen ganz am Anfang der Liturgie der Eglise réformée de France zum sonntäglichen Gemeindegottesdienst. Unsere Schwesterkirche in Frankreich hat damit den Auftrag, wie er in der Apostelgeschichte (Apg 2,42) formuliert ist, ganz ins Zentrum der Kirche gestellt und die grundlegende Bedeutung des Abendmahls für das christliche Leben bei Johannes Calvin in Erinnerung gerufen. Die reformierte Kirche Frankreichs hat mit der Liturgie von 1963 den Abendmahlsgottesdienst als Grund- und Standardform des gottesdienstlichen Lebens beschrieben. Mit der Aargauer Jubiläumsliturgie stellen wir uns in diese reformierte Tradition und regen an, das Abendmahl wieder häufiger zu feiern, zum Beispiel – wie von Calvin empfohlen – einmal im Monat.[30] Es ist erfreulich, dass das vielerorts in der Deutschschweiz bereits der Fall ist. Gerne weisen wir zudem auf die liturgische Praxis mehrerer reformierter Gemeinschaften in der Schweiz hin, das Abendmahl mindestens wöchentlich zu feiern. So tun es z. B. die Communität Don Camillo in Montmirail, die Communauté de Grandchamp und die Communität El Roi in Basel. All diese Communitäten gehen in ihrem Abendmahlsgottesdienst ebenfalls von der altkirchlichen Liturgie aus.

Mit der Aargauer Jubiläumsliturgie möchten wir anregen, die verändernde Kraft des regelmässig gefeierten Abendmahls neu zu entdecken. Ziel ist nicht, die Bedeutung der Predigt im reformierten Gottesdienst zu schmälern. Vielmehr möchten wir beliebt machen, dem gepredigten Wort Gottes auf angemessene Weise wieder das gefeierte Wort Got-

tes zur Seite zu stellen. «Verkündigung findet nicht allein in dieser Viertelstunde [der Predigt], sondern im gesamten Gottesdienstgeschehen statt. […] Und Verkündigung geschieht in besonderem Masse im Abendmahl, dem sicht- und schmeckbaren Zeichen von Christi Gegenwart unter uns.»[31]

Liturg/-in & Gemeinde
Der Theologe Fulbert Steffensky hat dem reformierten Gottesdienst den (vielleicht nur teilweise akkuraten) Spiegel vorgehalten: «Es geht mir um die Entgötzung der Predigt, noch besser um die Entgötzung der Pfarrerinnen und Pfarrer. Die klerikalsten Gottesdienste, die ich kenne, sind die reformierten. Der Pfarrer ist nicht an eine Leseordnung gebunden, er bestimmt den Text, er bestimmt damit das Thema des Gottesdienstes und der Predigt. Er ist kaum an agendarische Vorgaben gebunden. Er redet im Gottesdienst vom Anfang bis zum Ende. Er ist Herr des heiligen Geschehens. In seiner Macht steht es, die Einsetzungsworte, die Taufformel, die Segensformeln zu verändern.»[32]

Der vorliegende Gottesdienstentwurf schlägt eine Struktur vor, die sich von der gottesdienstlichen «One-WoMan-Show» löst und in der das gemeinsame Feiern der Gemeinde wieder mehr Gewicht erhält, wie es die Intention der Reformatoren war. Mehrere Texte werden hier im Wechsel zwischen dem Liturgen / der Liturgin und der Gemeinde gesprochen. Huldrych Zwingli sah vor, dass das Gloria, das Apostolische Credo und das Dankgebet im Wechsel zwischen Frauen und Männern gesprochen werden.[33] Mit dem Reformierten Gesangbuch (RG) von 1998 fand das Beten der Psalmen im Wechsel wieder Eingang in unsere Gottesdienste. Wir greifen diesen liturgischen Impuls mit der

---

29 Liturgie, 9

30 Ehrensperger, Gottesdienst, 15

31 Zeindler, Auf Gottes Kommen hoffen, in: Berlis/Plüss/Walti, GottesdienstKunst, 168

32 Steffensky, Replik: Das Charisma der Kargheit und der Vorrang der Bibel, in: Berlis/Plüss/Walti, GottesdienstKunst, 42

33 Vgl. Meyer-Blanck, Liturgie und Liturgik, 182-185

Jubiläumsliturgie auf und erweitern ihn für weitere liturgische Elemente.

Zudem sah Zwingli eine Beteiligung verschiedener Dienste vor, um auch dadurch sichtbar und erlebbar zu machen, dass die Gemeinde das insgesamt handelnde Subjekt des Gottesdienstes ist. «Vom Pfarrer, den Zwingli ‹wechter› oder ‹hirt› nennt, wurden im Abendmahl nur das Kollektengebet, der Einleitungssatz zum Gloria und derjenige zur Danksagung, ein Satz des Dankgebets, Segen und Entlassung gesprochen, aber nicht die Einsetzungsworte. Eine wichtige liturgische Rolle spielten die ‹diener›, auch ‹diacon› genannt: Sie sprachen, zusammen mit dem Volk, einen Respons (‹Gott sye gelobt›) nach der Epistel, die Einleitung zum Evangelium und zum Credo (‹Der herr sye mit üch›), die Abendmahlsvermahnung mit Vater Unser, das Abendmahlsgebet und vor allem die Einsetzungsworte. Für die beiden Lesungen waren ‹Leser› vorgesehen.»[34] Sowohl die gemeinsam gesprochenen Elemente wie auch der Einbezug verschiedener Ämter sind mit der Zeit aus der reformierten Abendmahlsliturgie verschwunden. «Gerade die Konzentration auf die Predigt, die im 19. Jahrhundert ihre intellektuelle Blütezeit hatte, brachte auch wieder die Konzentration auf den Pfarrer mit sich, so dass das gemeindliche Beten an die zweite Stelle verdrängt, wenn nicht sogar verlernt wurde.»[35]

Diese typisch reformierte Pfarrzentriertheit kann dazu führen, dass ein Gottesdienst vor allem als Interaktion zwischen der Pfarrerin / dem Pfarrer und den Gläubigen verstanden wird. Im Zentrum steht jedoch die Christusbegegnung und überhaupt die Begegnung mit dem dreieinigen Gott, eine Begegnung, die so sehr individuell als auch gemeinschaftlich erfahren werden soll. Aber: Die Betonung des Miteinanders im reformierten Abendmahlsverständnis kann ihrerseits zu einer gewissen Absolutsetzung der sichtbar anwesenden Gemeinde führen, als ob die feiernde Kirche ausschliesslich die jeweilige Kirchgemeinde wäre.

Dagegen kann insbesondere eine regelmässige Abendmahlspraxis ein glaubwürdiges Zeichen setzen: Die Gemeinschaft im Abendmahl erschöpft sich gerade *nicht* in der real existierenden Kirchgemeinde. Vielmehr lässt uns das Abendmahl teilhaben am Leib Christi und damit an der Gemeinschaft aller Christinnen und Christen, die über jede institutionelle Kirche hinausweist. Dietrich Bonhoeffer beschreibt diese Gemeinschaft wie folgt: «Zur Verwechslung von christlicher Bruderschaft mit einem Wunschbild frommer Gemeinschaft: Erstens, christliche Bruderschaft ist kein Ideal, sondern eine göttliche Wirklichkeit. Zweitens, christliche Bruderschaft ist eine pneumatische und nicht eine physische Wirklichkeit.»[36] Ähnlich formuliert die Schwesternschaft El Roi in Basel: «Letztendlich sind wir nicht zusammen aus natürlichen Sympathien, sondern weil Christus uns gerufen hat, uns versöhnt hat mit Gott und untereinander, und so Gemeinschaft stiftet. Um den Abendmahlstisch werden wir als Schwesternschaft immer wieder eins, trotz aller persönlichen Unterschiede.»[37]

Alltag & Gottesdienst

«Die Liturgie erscheint […] gerade aufgrund ihrer tiefen biblischen Verwurzelung als kulturell fremd.»[38]

Gunda Brüske, Mitarbeiterin am Liturgischen Institut der deutschsprachigen Schweiz in Freiburg, bringt auf den Punkt, was für den Gottesdienst aller Konfessionen gilt: Fremdheit muss ausgehalten werden, um den Bezug zum biblischen Ursprung nicht zu verlieren. Christliche Liturgie gründet in Christus – dem Juden Jesus, dessen eigene Wurzeln aus dem Alten Testament heraus verständlich werden. Christlicher Gottesdienst vergegenwärtigt, was Christus seiner Gemeinde aufgetragen hat, die Weitergabe des Evangeliums und die Feier der Sakramente der Taufe und des Abend-

---

34 Kunz, Der neue Gottesdienst, 61 f.

35 Meyer-Blanck, Liturgie und Liturgik, 177

36 Bonhoeffer, Gemeinsames Leben, 22

37 Homepage der Schwesternschaft El Roi zum Abendmahl

38 Vgl. Brüske/Willa, Gedächtnis, 69

mahls. Liturgische Sprache, die sich so verortet, ist ihrem Ursprung verpflichtet.

Gleichzeitig ist sicherzustellen, dass die biblische Botschaft, jenseits ihrer uns fremd gewordenen Lebenswelt, tatsächlich und glaubwürdig in unseren Alltag und unsere Lebenswelt hineinzusprechen vermag. Die Predigt ist deshalb so zu gestalten, dass das Evangelium lebensnah – *unserem* Leben nah – vermittelt wird. Aber auch andere Elemente der Liturgie können so formuliert werden, dass sie die fremde Sprache anderer Elemente mit zeitgenössischer Sprache ergänzen; das kann etwa in einer persönlichen Begrüssung oder im Fürbittegebet der Fall sein. Die Kunst guter Liturgie äussert sich in einer «Balance» zwischen biblischer «Fremdheit» und lebensnaher Unmittelbarkeit. Wenn wir in einen Gottesdienst gehen, müssen wir unseren Alltag nicht hinter uns lassen, aber wir können den Alltag ins Licht des Heiligen stellen, damit unser Alltag durchdrungen wird von der unbändigen Kraft Gottes. Damit das geschehen kann, trägt die liturgische Sprache dazu bei, dass in einem Gottesdienst nicht dasselbe zu hören ist wie am Mittagstisch. Im Gottesdienst soll unser Leben bezogen werden auf den Ursprung unseres Lebens. Eine liturgische Sprache ist deshalb nicht einfach Alltagssprache, und der Sonntag ist nicht Werktag. Zur Hinwendung zum ganz Anderen passen Formen, die anders sind als unser tägliches Einerlei zwischen Mailflut und Wäschebergen. Liturgische Sprache soll bezogen sein auf unseren christlichen Ursprung *und* unsere Lebenswelt. In Dietrich Ritschls Worten: «Ist die Rede der Gläubigen nicht mehr Teil der Tradition, so besteht die Gefahr der Verleugnung der Story der Väter und Mütter sowie des Verlusts von ökumenischer Breite. Ist jedoch ihr Reden nicht Ausdruck ihrer geistigen und sprachlichen Situation, erschöpft sie sich also in Wiederholungen früherer und heute nicht mehr gebräuchlicher Sprache, so gehen nicht nur Predigt und Lehre, sondern auch das Gebet der Gegenwart des Geistes Gottes verlustig.»[39]

Musik & Wort

«Die reformierte Abwehrhaltung gegenüber der Kirchenmusik lässt sich historisch verschieden beurteilen, ist aber aus heutiger Sicht weder zeichentheoretisch noch theologisch nachvollziehbar. Musik ist ein Adiaphoron. Denn sie ist weder göttlich noch ein Götze noch lediglich Sinnenkitzel, sondern als Ausdruck menschlicher Existenz ein Medium, welches das Ineinander von Innerung und Äusserung des Glaubens verbindet.»[40]

Mit der Aargauer Jubiläumsliturgie möchten wir dazu beitragen, dass die Kirchenmusik in unseren Gottesdiensten wieder einen grösseren Stellenwert erhält und die Kirchenchöre wieder stärker in das gottesdienstliche Feiern einbezogen sind. Das Zusammenwirken von Musik und Wort im Gottesdienst ist in unserer Kirche nicht immer einfach. Die Gründe dafür liegen wohl auch in der Geschichte des reformierten Predigtgottesdienstes. Es ist für uns heute nur noch schwer verständlich: Zwingli verbannte die Musik und den Gesang ganz aus den Gottesdiensten.[41] Allerdings hielt dieser Zustand nicht lange an, bereits im Jahr 1598 fand der Kirchengesang wieder Einzug in die reformierten Gottesdienste, womit auch die Orgel wieder einen Ort in den reformierten Kirchen erhielt.[42] Mit dem Genfer Psalter von 1539 hat die reformierte Kirche zudem der Ökumene einen kirchenmusikalischen Schatz ersten Ranges vermacht.

Dennoch muss konstatiert werden: Im reformierten Predigtgottesdienst sind die klassischen Elemente, die im Eucharistiegottesdienst gesungen wurden, nicht enthalten. Damit ist ein grosser Teil der in anderen Traditionen bis heute praktizierten Kirchenmusik aus unseren Gottesdiensten verschwunden. Mit dem vorliegenden Entwurf versuchen wir, diesen Reichtum der Liturgie in den reformierten Gottesdienst aufzunehmen. Bei der Aargauer Jubiläumsliturgie sind die Chorstücke

39 Ritschl, Zur Logik der Theologie, 333, zitiert nach: Locher/Mathwig, Liturgie als Heimat?, in: Baschera/Ber-

lis/Kunz, Gebet, 113
40 Kunz, Gottesdienst, 134
41 Vgl. Kunz, Gottesdienst, 49
42 Vgl. Kunz, Gottesdienst, 130 f.

integrale Bestandteile des Gottesdienstes: das Kyrie als Bittruf zwischen Schuldbekenntnis und der Vergebungsbitte, das Gloria als Jubelgesang der Gnade und der Vergebung und das Sanctus als Lobpreis der Heiligkeit Gottes. Für die Aargauer Jubiläumsliturgien wurden Komponisten damit beauftragt, die klassischen liturgischen Elemente zu vertonen. Kirchenchöre sind frei, diese Vertonungen oder auch Literatur anderer Komponisten zu verwenden – jedes andere Sanctus und jedes andere Gloria kann in die Aargauer Jubiläumsliturgie integriert werden. Damit tut sich eine für den reformierten Gottesdienst neue kirchenmusikalische Welt auf. In diesem Sinne verweisen wir hier, pars pro toto, auf das neue *rise up plus*, in dem die «Mass of the Celtic Saints» enthalten ist und in dem viele Lieder, die als Gloria, Halleluja oder Sanctus gesungen werden können, zu finden sind.[43] Ebenso entspricht der Abschnitt des Reformierten Gesangbuches (RG) mit dem Titel «Gottesdienst in der Gemeinde» den verschiedenen liturgischen Elementen, wie sie zur Aargauer Jubiläumsliturgie gehören.[44]

Form & Freiheit

«Wir plädieren für einen *konservativen Umgang mit der Tradition*. Damit ist nicht das ängstliche Bewahren des Hergebrachten gemeint, sondern das bewusste und sorgfältige Wahrnehmen, Auswählen und Gestalten der grossen und reichen Tradition unserer Kirche.»[45]

Das Plädoyer des Berner Praktologen David Plüss gilt auch für den vorliegenden Entwurf. Die «reiche Tradition» erscheint in den biblischen Texten, den vertonten Ordinariumstexten und überhaupt in der liturgischen Grundstruktur. Diese werden ergänzt durch Propriumstexte, gottesdienstliche Elemente also, die zeitgemäss formuliert und durchaus veränderbar sind. In ihnen ergänzt heutiges Sprachempfinden und persönliche Sprachkunst derjenigen, die den Gottesdienst gestalten, die althergebrachten Texte aus der Tradition. So kann auch auf den jeweiligen Sonntag im Kirchenjahr, auf besondere Bedürfnisse der Gemeinde oder auf aktuelle Ereignisse eingegangen werden. Wir empfehlen, Ordinarium und Proprium zu unterscheiden, den Gottesdienstablauf also in seiner Grundstruktur zu belassen und ihn gleichzeitig durch zeitgemässe Formulierungen zu ergänzen und zu bereichern.

Ein Gottesdienst ist nie nur ein lokales und nie nur ein präsentisches Handeln der Gemeinde. Vielmehr reiht sich jeder neu gefeierte Gottesdienst in ein nicht abbrechendes, allgegenwärtiges Gotteslob ein. Gottesdienst ist so sehr zukunftsoffen wie auch geschichtsbewusst. «Religion ist wesentlich dadurch bestimmt, dass sie ein kulturelles Gedächtnis pflegt und die Stimmen längst Verstorbener zu Gehör bringt, interpretiert und lebendig erhält. Zentrale Organisationsform des kulturellen Gedächtnisses ist im Christentum der Gottesdienst.»[46] Diesem kulturellen Gedächtnis will der vorliegende Liturgieentwurf Aufmerksamkeit schenken, nicht um in liturgischer Nostalgie zu schwelgen, sondern um das Gebet jener Christinnen und Christen ernst zu nehmen, die schon vor uns getan haben, was wir heute tun und was andere nach uns tun werden. Liturgie soll von der Gegenwart des auferstandenen Christus geprägt sein, unabhängig davon, in welcher christlichen Tradition gefeiert wird. Reformierte liturgische Freiheit wäre missverstanden, wäre sie begriffen als *carte blanche* für Experimente, welche keinerlei Rücksicht auf die Erfahrungen unzähliger Generationen von Beterinnen und Betern nehmen. Nicht nur unserer ökumenischen Grundhaltung wegen tun wir gut daran, den liturgischen Schatz der *ganzen* Christenheit mitzubedenken; ebenso liegt es im Interesse unserer eigenen Weiterentwicklung als reformierte Kirche, Kontinuität und Weiterentwicklung im

---

43 Vgl. rise up plus, 67–151

44 Zum Kyrie: Nr. 193–202, zum Gloria: 218–225, zum Halleluja: 229–246, zum Credo: 263–271, zum Fürbittegebet: 294–298, zum Sanctus: 304–309, zum Geheimnis des Glaubens: 310, zum Agnus Dei: 311–316

45 Plüss, in: Müller/Plüss, Abendmahlspraxis, 52

46 Karle, Kirche im Reformstress, 25

Gottesdienst so im Gleichgewicht zu halten, dass unterschiedliche Frömmigkeitsstile und geistliche Bedürfnisse berücksichtigt werden.

Feststehende liturgische Formeln begegnen uns auch in den Gottesdiensten anderer Konfessionen im gleichen Wortlaut und lassen uns erleben, dass wir, über konfessionelle Grenzen hinaus, als Getaufte alle aus derselben Quelle leben. So wurde z. B. in der Leuenberger Konkordie von 1973 der Wortlaut der Taufformel in den protestantischen Kirchen Europas festgelegt. Der Basler Kirchenratspräsident Lukas Kundert schreibt dazu: «Heute ist nicht mehr sicherzustellen, dass Amtsträgerinnen und Amtsträger der Schweizer Kirche in jedem Fall sich an die Taufformel der LK (Leuenberger Konkordie) halten. Sie bewegen sich damit sowohl ausserhalb der reformierten als auch der reformatorischen Ökumene und sie gefährden die Katholizität der reformierten Kirchen und damit auch eine Grundlage ihres ökumenischen Gesprächs mit der römisch-katholischen Kirche.»[47] Auf dem Liturgieblatt für die Gemeinde, wie es unserem Gottesdienstentwurf beiliegt, werden jeweils die biblischen Texte aufgeführt, welche den einzelnen liturgischen Formulierungen zugrunde liegen. So wird erkennbar, dass manche Formel im Evangelium verwurzelt ist. Fulbert Steffensky: «Eine Freundin des Schweigens ist die gewahrte Formel bei den zentralen Punkten des Gottesdienstes: Die Einsetzungsworte, die Segensformel, die Taufformel, der Kanzelspruch. Warum ist die Formel wichtig? Die Formel negiert und erübrigt den Verstand und den Glauben des Subjekts nicht, aber sie übersteigt ihn. Die Formel wie der aaronitische Segen ist nicht meine ausschliessliche Sprache, sie ist Kirchensprache, d.h. sie ist die Sprache aller toten und lebenden Geschwister. Ihr Glaube trägt sie, nicht der kümmerliche Glaube eines einzelnen Subjekts.»[48]

Wir schliessen mit den Worten von David Plüss: «Der Charme der Liturgie besteht gerade darin, dass diese Formen der Besinnung, der Klage und der Hoffnung nicht mal für mal neu erfunden werden müssen. Der Charme der Liturgie besteht darin, dass sie in einem kulturellen Gedächtnisraum angesiedelt ist, der weit zurückreicht. In einem kulturellen Gedächtnisraum nota bene, der nicht nur aus Texten und deren Interpretation besteht, sondern wesentlich auch aus Ritualen, aus Formeln und Symbolen. Wenn in einem Gottesdienst 2000 bis 3000 Jahre alte Bibeltexte ausgelegt, das Unservater gebetet und der aaronitische Segen gespendet werden, dann schwingt sich eine Gruppe von Menschen – theologisch gesprochen: eine Gemeinde – in einen kultischen Raum ein, der alltägliche Raum- und Zeitgrenzen weit hinter sich lässt.»[49]

47 Kundert, Kirche, 44

48 Steffensky, Replik: Das Charisma der Kargheit und der Vorrang der Bibel, in: Berlis/Plüss/Walti, Gottesdienst-Kunst, 42

49 Plüss, Liturgie als Kultur der Gegenwärtigkeit, in: Berlis/Plüss/Walti, GottesdienstKunst, 16

Literaturverzeichnis

Baschera, Luca / Berlis, Angela / Kunz, Ralph (Hg.), Gemeinsames Gebet. Form und Wirkung des Gottesdienstes, Zürich 2014

Berlis, Angela / Plüss, David / Walti, Christian (Hg.), GottesdienstKunst, Zürich 2012

Bieler, Andrea / Schottroff, Luise, Das Abendmahl. Essen, um zu leben, Gütersloh 2007

Bonhoeffer, Dietrich, Gemeinsames Leben, Gütersloh 2014

Brüske, Gunda / Willa, Josef-Anton, Gedächtnis feiern – Gott verkünden, Zürich 2013

Bullinger Heinrich, Entgegnung auf Johannes Fabris «Trostbüchlein» 1532, in: Heinrich Bullinger Schriften, Bd. VI, hg. von Campi, Emidio / Roth, Detlef / Stotz, Peter, Zürich 2006

Busch, Eberhard, Gotteserkenntnis und Menschlichkeit. Einsichten in die Theologie Johannes Calvins, Zürich 2005

Ehrensperger, Alfred, Lebendiger Gottesdienst. Beiträge zur Liturgik, hg. von Ralph Kunz und Hans-Jürg Stefan, Zürich 2003

Gesangbuch der Evangelisch-reformierten Kirchen der deutschsprachigen Schweiz (RG), Basel/Zürich 1998

Hennecke, Christian, Kirche, die über den Jordan geht. Expeditionen ins Land der Verheissung. Münster 2011

Huwyler, Beat / Sallmann, Martin, Das Abendmahl in evangelischer Perspektive, Bern 2010

Karle, Isolde, Kirche im Reformstress, München 2011

Kundert, Lukas, Die evangelisch-reformierte Kirche. Grundlagen für eine Schweizer Ekklesiologie, Zürich 2014

Kunz, Ralph, Gottesdienst evangelisch reformiert. Liturgik und Liturgie in der Kirche Zwinglis, Zürich 2006

Kunz, Ralph, Der neue Gottesdienst. Ein Plädoyer für den liturgischen Wildwuchs, Zürich 2006

Kunz, Ralph / Marti, Andreas / Plüss, David (Hg.), Reformierten Liturgik – kontrovers, Zürich 2011

Liturgie. Eglise réformée de France. Paris 1963

Liturgie du Dimanche pour le temps ordinaire à l'usage des Eglises réformées de la Suisse romande, Lausanne 1986

Liturgie. Herausgegeben im Auftrag der Liturgiekonferenz der Evangelisch-reformierten Kirchen in der deutschsprachigen Schweiz, Band III Abendmahl, Bern 1983

Liturgie. Taschenausgabe. Herausgegeben von der Liturgie- und Gesangbuchkonferenz der Evangelisch-reformierten Kirchen der deutschsprachigen Schweiz, Zürich 2011

Meyer-Blanck, Liturgie und Liturgik, Göttingen 2009

Müller, Patrik / Plüss, David (Hg.), Reformierte Abendmahlspraxis. Plädoyer für liturgische Verbindlichkeit in der Vielfalt, Zürich 2008

Müller, Sabrina, Fresh Expressions of Church. Ekklesiologische Beobachtungen und Interpretationen einer neuen kirchlichen Bewegung, Zürich 2016

Opitz, Peter, Ulrich Zwingli. Prophet, Ketzer, Pionier des Protestantismus, Zürich 2015

rise up plus. Ökumenisches Liederbuch, 2. veränderte Aufl., Basel/Zürich 2015

Weber-Berg, Christoph, Re-formulierter Glaube. Anstösse für kirchliche Verkündigung heute, Zürich 2016

Aargauer Jubiläumsliturgie

Sabine Brändlin, Gottfried Wilhelm Locher, Dieter Wagner

Reformierter Abendmahlsgottesdienst

Liturgieheft zur Aargauer Jubiläumsliturgie

2016, 40 Seiten, geheftet, ISBN 978-3-290-17877-2

CHF 20.00 – EUR 18.00 – EUA 18.50

> Liturgische Texte und Erläuterungen zur Liturgie

Sabine Brändlin, Pfrn., Jahrgang 1973, ist Bereichsleiterin Seelsorge und kantonale Dienste und Mitarbeiterin der Fachstelle Frauen, Männer, Gender der Reformierten Landeskirche Aargau.

Gottfried Wilhelm Locher, Dr. theol. Dr. h. c., Jahrgang 1966, ist Präsident des Rates des SEK.

Dieter Wagner, Jahrgang 1972, ist Kantor, Dirigent und Sänger, arbeitet als Projektleiter Musik in der Kirche in der Reformierten Landeskirche Aargau und ist Leiter der Kirchenmusikschule Aargau.

Thomas Leininger

Reformierter Abendmahlsgottesdienst

Partitur zum Chor-Gottesdienst

2016, 36 Seiten, geheftet, ISBN 978-3-290-17878-9

CHF 10.00 – EUR 9.00 – EUA 9.30

> Für 4- bis 7-stimmigen gemischten Chor, Gemeinde, 4 Instrumente ad lib. und Orgel mit Pedal

Thomas Leininger, Jahrgang 1981, ist Organist an der Margarethenkirche in Binningen sowie Dozent für Aufführungspraxis und Generalbass an der Schola Cantorum Basiliensis.

Andreas Hausammann

Reformierter Abendmahlsgottesdienst

Partitur zum Pop-Gottesdienst

2016, 40 Seiten, geheftet, ISBN 978-3-290-17879-6

CHF 10.00 – EUR 9.00 – EUA 9.30

> Für 3- bis 4-stimmigen gemischten Chor, Gemeinde, Solo ad lib. und Klavier

Andreas Hausammann, Jahrgang 1970, ist freischaffender Pianist, Arrangeur, Komponist und Beauftragter für populäre Musik der Evangelisch-reformierten Kirche des Kantons St.Gallen.

Stephan Haldemann, Peter Künzi

Reformierter Abendmahlsgottesdienst

Partitur zum Jodel-Gottesdienst

2016, 20 Seiten, geheftet, ISBN 978-3-290-17880-2

CHF 10.00 – EUR 9.00 – EUA 9.30

> Für Jodelchor mit 4 bis 7 Stimmen

Stephan Haldemann, Jahrgang 1967, ist Pfarrer in Signau BE und seit seiner Kindheit ein leidenschaftlicher Jodler.

Peter Künzi, Jahrgang 1963, ist Lehrer und Schulmusiker, Chor- und Kursleiter, Juror im eidgenössischen Jodlerverband und Komponist.

Andrew Bond

De Himmel chunnt uf d Erde

Ein Weihnachtsspiel

> CD inbegriffen

Der kleine Engel Zetnael verpasst den Abflug des Engelchors nach Bethlehem, schafft es aber doch noch, zusammen mit dem alten, halbblinden Esel von Josef, dem Stallknecht der drei Weisen und dem lahmen Hirtenmädchen Zippora rechtzeitig im Stall beim Jesuskind einzutreffen.

2016, 36 Seiten, geheftet, mit CD, ISBN 978-3-290-17881-9

CHF 30.00 – EUR 30.00 – EUA 30.90

Andrew Bond, Jahrgang 1965, ist Kinderlieder- und Musicalmacher, Verleger und Produzent. Er studierte Theologie, war jahrelang in der Jugendarbeit tätig und während 17 Jahren Oberstufenfachlehrer für Religion und Musik.